Jutta Mühlbrod

EIN LEBEN

Autobiografie

Mauer Verlag
Wilfried Kriese
72108 Rottenburg a/N
Buchgestaltung: Wilfried Kriese
Titelbild: Privat
2009
ISBN 978-3-86812-161-2

www.mauerverlag.de

Inhalt

Gewidmet meinem Sohn Stefan, der mir stets ein hilfreicher Lehrmeister beim Gebrauch der neuen Medien ist.

Teil 1: Der Jugend erster Teil

Der Winter 1946 war eiskalt und das Leben in der sowjetisch besetzten Zone in Deutschland war schwer. Um die äußerst mangelhafte Versorgung mit Nahrungsmitteln und Heizmaterial aufzubessern, mussten wir viel unternehmen. So hatten meine Mutter und ich im Sommer die abgeernteten Felder nach herabgefallenen Ähren durchsucht, im Frühherbst in den von den Bauern gut und mehrfach durchwühlten Äkkern noch einmal nach vielleicht übersehenen Kartoffeln gehackt - man nannte das Kartoffeln stoppeln -, im Spätherbst in den gar nicht so nahen Wäldern nach Beeren und Pilzen gesucht, und jetzt, im bitteren Winter, waren wir häufig auf der Suche nach Brennmaterial unterwegs. Ich muss es gestehen, auch kleine Bäumchen fielen uns zum Opfer, obwohl ich mir Sorgen um die Zukunft unseres Waldes machte. Wenn ich an jene Zeit zurückdenke, sehe ich mich, eine 14jährige Schülerin, zusammen mit meiner Mutter an der Deichsel eines kleinen Handwagens durch unseren Ort und über Land ziehen.

Aber fast genau so schlimm wie das ständige Hungern und Frieren waren die an drei Tagen in der Woche verhängten Stromsperren. Natürlich war man damals noch nicht so abhängig vom Strom, aber Stromsperre bedeutete doch, kein Licht anknipsen zu dürfen. Und im Winter hieß das, so lange wie möglich und so nah wie möglich an das mit Eisblumen verzierte Fenster zu rücken, um auch noch den letzten Schimmer Tageslicht einzufangen. Dann fand sich die ganze Familie um die aus irgend einem Material selbst angefertigte Kerze zusammen und musste wieder einen endlosen Abend überstehen.

Natürlich gibt es auch schöne Erinnerungen. Mir fallen Schlittschuhjagden mit Freundinnen und Freunden auf einem verzweigten Wassergrabensystem der Stadt Herzberg ein. Und das Heimkommen danach mit dem Versuch der Mutter, mich mit irgendeinem heißen Ersatzgetränk wieder aufzuwärmen und dann den begehrten Platz auf der Ofenbank am lauwarmen Kachelofen zu bekommen.

Eine ganz besondere Freude in jener Zeit war aber, dass mein seit den monatelang zurückliegenden Kämpfen im Westen vermisster Vater sich aus einem Kriegsgefangenenlager in Amerika gemeldet hatte. Es ginge ihm gut, schrieb er, und die Entlassung stände kurz bevor. Vielleicht könne er zu meiner Konfirmation schon Zuhause sein.

Zuhause, das war seit mehreren Jahren das Haus meiner Großmutter mütterlicherseits in Herzberg, etwa 100 km südlich von Berlin gelegen. Hier hatten vor den Bombenangriffen nicht nur meine Mutter mit zweien ihrer drei Kinder aus Berlin, sondern auch eine Tante aus Halle mit zwei und eine Tante aus Wilhelmshaven – zeitweise - mit vier Kindern Zuflucht gesucht. Das gar nicht so kleine Haus war voll und quoll aus allen Nähten. Und wenn wir Kinder auch Spaß hatten und herumtollten, es ging nicht immer friedlich zu. Heute, wenn ich zurückdenke, tut mir meine Oma oft leid und ich vergleiche ihren letzten, so unruhigen Lebensabschnitt mit dem guten, ruhigen und zufriedenen Leben der meisten heutigen Omas, zu denen ich auch gehöre. Wie selbstverständlich forderte man von ihr die Einschränkung ihres Lebensraumes und ein Teilen oder Mitbenutzen ihres Besitzes. Aber im Kriege wurden ja von der ganzen Bevölkerung Opfer gefordert und das überfüllte Haus war nichts Außergewöhnliches. Nach Ende des Krieges konnten die Tanten in ihre Wohnungen zurückkehren, während die Wohnung meiner Eltern in Berlin in den letzten Kriegstagen noch den Flammen zum Opfer gefallen und völlig zerstört worden war.

Deshalb blieben meine Mutter, mein kleiner Bruder und ich in Herzberg. Mein drei Jahre älterer Bruder, der während der Kriegszeit zusammen mit seiner Schulklasse weit im Osten kinderlandverschickt war, zog in das Haus unserer Großmutter väterlicherseits in Jena, um dort sein Abitur ablegen zu können. In Herzberg war das zu jener Zeit noch nicht möglich.

Jetzt, kurz vor Ostern 1946, galten viele unserer Gedanken meinem bald heimkehrenden Vater, aber auch meiner Ausstaffierung zur Konfirmation. Kleidung zu kaufen gab es ja nicht. Also wurde beschlossen, dass ich zur Hauptfeier ein schwarzes Kleid meiner Tante, angeschafft nach dem Soldatentod ihres Bruders - meines Onkels - und ein Paar meiner Oma gehörende Pumps - der ersten meines Lebens - anziehen sollte. Aber zu der zwei Tage vorher stattfindenden Prüfung, dafür opferte meine Oma ihre vielleicht letzte Portiere aus weinrotem Samt. Hieraus bekam ich ein wunderschönes Kleid geschneidert. Noch lange war es mein Lieblingsfestkleid, und ich fühlte mich beim späteren Tanzstundenball und anderen Tanzvergnügungen gut angezogen und schön aussehend. Danke, liebe Oma.

Bei dieser Gelegenheit fällt mir eine im nächsten Winter spielende Episode ein. Ich war aus allem Wärmenden herausgewachsen und brauchte dringend einen Mantel. Da fiel uns der aus Amerika stammende Kriegsgefangenenmantel meines Vaters ein. Mit unseren damaligen Augen gesehen bestand er aus einem herrlichen Stoff, wenn auch tarnfarben. Aber das war ja zu ändern. Mit viel Mühe und Arbeit trennten, färbten und schneiderten wir hieraus einen Mantel, auf den ich sehr stolz war. Leider kam nach kurzem Gebrauch die Aufschrift PRISONER OF WAR wieder zum Vorschein.

Die Konfirmation mussten wir ohne meinen Vater feiern; er kam vier Tage später, am Gründonnerstag. Wir freuten uns sehr, waren uns aber doch etwas fremd nach der sehr langen Zeit, in der wir uns nicht gesehen hatten. Vor allen Dingen mein kleiner Bruder wusste mit dem “fremden Mann”, den er in seinem sechsjährigen Leben nur bei gelegentlichen und eher seltenen Urlauben kennen gelernt hatte, nicht viel anzufangen.

In den frühen Morgenstunden des Karfreitag, es war gegen 4 Uhr und noch ganz dunkel, wurde ich durch Gepolter und Lärm aus dem Schlaf gerissen. Was war bloß los? Weinte da nicht auch meine Mutter? Und hörte ich nicht barsche russische Kommandos? Ich sprang aus dem Bett und sah, wie mein Vater von einigen russischen Soldaten und Soldatinnen herrisch und ruppig abgeführt wurde.

Wir, Mutter, Großmutter, eine noch im Hause lebende Tante und ich saßen verstört und verzweifelt zusammen. Niemandem fiel etwas Tröstliches zu sagen ein. Wir dachten wohl alle daran, was man so gehört hatte: wie schrecklich es in russischen Gefängnissen zugehen sollte, zu wie furchtbar viel Jahren Zwangsarbeit Beschuldigte verurteilt und dann in die Straflager Sibiriens verschleppt wurden, und wohl auch daran, dass uns nicht ein Fall einer Rückkehr bekannt war.

Am frühen Vormittag ging meine Mutter zur russischen Kommandantur, die im ehemaligen Katasteramt der Stadt Herzberg untergebracht war. Es gelang ihr auch, den Kommandanten zu sprechen, aber natürlich konnte sie nichts erreichen. Aber die mitgenommenen warmen Sachen wurde sie los. Ob mein Vater sie bekommen hat? Ich weiß es nicht.

In den nächsten Tagen hielten meine Mutter, mein kleiner Bruder und ich uns viel so nah wie möglich in der Nähe des gut gesicherten Katasteramt auf, in der Hoffnung, dass mein Vater uns vielleicht aus irgendeinem Kellerloch sehen konnte. Die Wachen verhielten sich unterschiedlich; manche jagten uns weg, aber manche waren auch freundlich und nahmen die Mitbringsel entgegen. Natürlich war die Verständigung schwer. Ich lernte zwar russisch in der Schule, musste aber feststellen, dass sich diese wenigen Kenntnisse für den Gebrauch nicht eigneten. Es musste gestikuliert werden.

Nach wenigen Tagen wurde uns zu verstehen gegeben, dass mein Vater nicht mehr in Herzberg sei. Man sagte uns nicht, wohin man ihn gebracht hatte. Wir vermuteten, in das große

GPU-Gefängnis (GPU war damals die Bezeichnung der sowjetischen Staatspolizei) im nahe gelegenen Torgau. Auch dahin fuhr meine Mutter, kam aber unverrichteter Dinge zurück. Sie hatte nicht einmal erfahren können, ob er wirklich dort eingekerkert war.

Ich versank in der Welt meiner Bücher. Damals las ich gerade "Atom" und "Anilin" von Schenzinger. In den darin geschilderten Schicksalen vieler bekannter Forscher und Entdecker fand ich Ablenkung und manchmal auch Trost.

Uns war kein Fall der Rückkehr eines Gefangenen aus einem russischen Gefängnis bekannt. Aber mein Vater kam zurück. Er hatte die Russen überzeugen können, dass er kein vor kurzer Zeit aus Amerika gekommener Spion war. Schmutzig, verlaust und voller Flöhe stand er plötzlich vor der Türe. Er war zu uns, seiner Familie, entlassen worden. Aber nichts, gar nichts hielt ihn hier. Noch am gleichen Abend brach er auf. Sein Fernziel war Köln, eine seiner Schwestern lebte dort, aber sein ganzes Streben war es, so schnell wie möglich über die damals noch nicht hermetisch abgeschlossene Grenze in den Westen und damit in die Freiheit zu kommen.

Und wieder musste Abschied genommen werden.

Nach wenigen Tagen kam die erlösende Nachricht, er hatte Köln erreicht. Ein Neuanfang im völlig zerbombten Köln war schwer und so blieben Mutter, Bruder und ich vorerst in Herzberg. Der Läuse wurde meine Mutter Herr, indem sie die Kleidungsstücke verbrannte, aber gegen die Flöhe hatten wir noch lange zu kämpfen.

Dank nicht allzu oft, aber doch regelmäßig aus dem "goldenen Westen" eintreffender Pakete wurde unser Leben leichter. Und ich war doch jung und hatte Freundinnen und Freunde, und wir unternahmen vieles, was Jugendliche so tun. Vielleicht hatten wir sogar mehr Freude an kleinen Dingen und standen nicht so unter Zeit- und Leistungsdruck wie die heutige Jugend.

Ich erinnere mich an fast nur im Schwimmbad verbrachte Sommerferien. Das Bad lag weit außerhalb des Ortes. Ein Fahrrad hatte ich nicht, aber wie selbstverständlich lief ich die lange Strecke hin und zurück. Am Ende des Sommers war ich tief braun gebrannt. Mein Lehrer wollte nicht glauben, dass ich die Ferien ausschließlich in Herzberg verbracht hatte.

Das Schlittschuhlaufen im Winter hatte ich schon erwähnt. Aber wir wanderten auch und sangen und trieben Sport. Ich gehörte einer Volkstanz- und einer Theaterspielgruppe an. Im nicht kulturverwöhnten Herzberg traten wir öffentlich auf. Wir wagten uns sogar an etwas anspruchsvollere Stücke. Einmal war ich die Titania im Sommernachtstraum, hatte aber wenig zu sagen.

Natürlich mussten wir auch lernen. An einigen Tagen in der Woche hatten wir sechs Stunden Unterricht; das schlauchte. Jeden zweiten Tag gab es ein trockenes Brötchen als Schulspeisung. Ich meldete mich immer zur Abholung der Brötchen in einem großen Korb bei einem Bäcker; zur Belohnung gab es ein zusätzliches Brötchen. Die Brötchentage waren beliebt.

Wenn ich heute während von mir gern gesehener Quizsendungen die manchmal erschreckenden Wissenslücken junger Leute feststelle, die 13 Jahre Schule und oft noch ein Studium hinter sich gebracht haben, dann denke ich, so schlecht war unsere Schulausbildung ja gar nicht. Trotz des häufigen Unterrichtsausfalls während des Krieges, trotz der überfüllten Klassen durch die aus dem Osten eintreffenden Flüchtlingsströme, trotz der aus dem Ruhestand gerufenen alten Lehrer - die jungen wurden zumindest während des Krieges für andere Aufgaben gebraucht und später gab es nur wenige, trotz des Mangels an Papier und Schreibmaterialien und trotz fehlender Lehrbücher in den ersten ein/zwei Jahren nach dem Krieg. Ja, wir hatten in jener Zeit keine Lehrbücher, zumindest nicht in Deutsch und Geschichte. Der ganze Lehrstoff wurde uns diktiert. Das erforderte viel Zeit, aber vielleicht prägte er sich dadurch auch ein.

Die Schule in Herzberg hatte viele Reformen erlebt, obwohl der Lehrkörper und das Gebäude immer gleich blieben. Früher einmal fielen mir acht unterschiedliche Bezeichnungen ein, heute nur noch Volks-, Grund-, Einheits-, Mittel- und Realschule. Jetzt war es eine Oberschule im Aufbau, die ich besuchte. Das heißt, die Klasse über mir konnte zum ersten Mal in Herzberg das Abitur machen, während ein Abschuss nach sechs Jahren Oberschulbesuch mit der mittleren Reife gleichgesetzt war.

Wenn ich ein Motto für meine Schulzeit finden müsste, würde ich den Begriff "sammeln" wählen. Mich erinnernd meine ich, wir Schulkinder mussten immer etwas sammeln. Während des Krieges waren es Altpapier, Lumpen und Stanniol, hieraus wurden früher Tuben hergestellt. Gegen Ende des Krieges wurde es immer mühseliger, Sammelgut zu bekommen, glaubte doch jeder - und sicher nicht zu Unrecht - dass er alles irgend wann einmal selbst gebrauchen könnte. Nach dem Krieg waren es Heilkräuter und Kartoffelkäfer, die wir sammeln mussten. Als Heilkraut beliebt waren der Ackerschachtelhalm und die Schafgarbe wegen ihrer kompakten Stängel, die viel Gewicht brachten und zur schnellen Erfüllung des Sammelsolls beitrugen. Außerdem waren sie an allen Ackerrainen leicht zu finden. Aber auch Walnussbaumblätter galten als Heilkraut. Und hier konnte ich endlich einmal punkten, denn meine Oma besaß in ihrem Garten einen großen alten Walnussbaum. Seine Nüsse waren ein beliebtes Tauschobjekt. In meiner Klasse gab es auch einige Dorfkinder, die gerne ihr trockenes Brötchen aus der Schulspeisung, aber auch schon mal ihr gut belegtes Pausenbrot gegen ein paar Nüsse eintauschten. Und Blätter schenkte mir der gute alte Baum in Hülle und

Fülle, so dass ich mein Sammelsoll an Heilkräutern leicht und gut erfüllen konnte.
Die Suche nach Kartoffelkäfern wurde klassenweise unter Aufsicht einer Lehrperson durchgeführt. Ich - und ich glaube auch alle anderen - habe niemals einen Käfer gefunden. So wundere ich mich heute nicht, dass unsere Lehrerin unseren Hinweis, das grüne Feld dort in der Ferne sei ein Rübenfeld, gerne als bare Münze nahm, obwohl es sich offensichtlich um ein Kartoffelfeld handelte.

Und, ganz wichtig, es war die Zeit im Leben, in der es zum ersten Mal
“ knisterte “ zwischen Jungen und Mädchen. Auch ich hatte das Glück, eine erste unschuldige Liebe zu finden. Aber gerade diese Liebe bescherte mir auch einige schlimme Tage und Nächte, denn, jetzt endlich, mit dem Realschulabschluss in der Tasche, wollten auch Mutter, Bruder und ich nach Köln “ rüber machen “, so drückte man das in Herzberg aus. Aus Sicherheitsgründen dürfe niemand etwas davon erfahren, so wurde mir eingeschärft. Aber konnte ich für immer gehen, weggehen, ohne adieu zu sagen? Ich brachte es nicht fertig, ich verabschiedete mich von Freund und Freundin. Danach

durchlebte ich schwere Stunden. Ich hatte geredet. Wie könnte ich damit leben, wenn meine Mutter wegen des versuchten illegalen Grenzübertritts bestraft würde? Es passierte, Gott sei Dank, nicht.

Der Abschied von der Oma war schwer. Ahnten wir doch alle, dass es ein Abschied für immer sein würde, dass wir uns in diesem Leben nicht mehr wiedersehen würden.

An einem Sommernachmittag brachen wir auf. Viel zu warm angezogen, brauchte man doch das, was man am Leibe hatte, nicht zu tragen und doch noch mit viel zu viel Gepäck. Es war ja so schwer, eine Auswahl zu treffen und Liebgewordenes zurückzulassen. Wir fuhren Richtung Grenze, stiegen aber schon eine, vielleicht sogar zwei Stationen vor dem Grenzort Ellrich aus dem Zug, um nicht schon am Bahnhof abgefangen zu werden, und trafen dort auf andere Grenzgänger und einen ortskundigen bezahlten Führer. Er würde uns doch wohl nicht verraten? Auch so etwas kam vor. Im Schutze der Dunkelheit stolperten wir auf holprigen Wegen an Waldrändern entlang, immer auf der Hut vor Grenzpatrouillen. Der Weg war endlos, mussten

wir doch die Entfernung von mindestens einer Bahnstation überwinden. Ich fand, es ging kreuz und quer, aber wohl doch immer in der Hauptrichtung Westen. Irgendwann konnten wir einen Teil unseres Gepäcks nicht mehr tragen. Als wir durch eine „schlafende" Ortschaft kamen, klingelte meine Mutter an irgend einem Haus und bat die wildfremden Leute, die Sachen unterstellen zu dürfen. Ich glaube, auf dem Postweg sind diese für uns so wertvollen Sachen später wieder in unseren Besitz gekommen. Danke diesen ehrlichen und hilfsbereiten Leuten.
Endlich, wir waren wirklich am Ende unserer Kraft, hieß es: Wir haben es geschafft, wir sind im Westen.
An die Weiterfahrt nach Köln kann ich mich nicht erinnern; ich war so erschöpft.

Toll, wie Du alles organisiert hattest, liebe Mutter, und wie Du, die Du bis Kriegsbeginn eine behütete Hausfrau warst, Dein, nein unser Leben gemeistert hast. Ich wünschte, ich könnte Dir das noch einmal anerkennend sagen.

Später einmal machte ich Urlaub im Südharz nahe der nunmehr fest verschlossenen Grenze . Ich brachte meiner Mutter eine Ansichtskarte der Klosterruine Walkenried mit. Sie warf einen Blick darauf und sagte gleich: hier sind wir über die Grenze gegangen.

In Köln wähnten wir uns im Schlaraffenland. Die Währungsreform hatte stattgefunden und es gab alles zu kaufen, wenn man denn Geld hatte.

Der Neuanfang für fünf Personen, mein älterer Bruder war inzwischen mit dem Abitur in der Tasche auch gekommen, war immer noch schwer. Wir lebten in einem Zimmer, in dem auch gekocht wurde. Ich hatte nicht einmal ein eigenes Bett und musste daher in einem Haushalt arbeiten, in dem ich auch schlafen konnte. Aber dank des sorgsamen Aussuchens der Familie durch meine Eltern wurde ich wie ein Kind im Hause behandelt. Und ein Haushaltsjahr war die Voraussetzung zum Erlernen meines späteren Berufes als Säuglings- und Kinderkrankenschwester, war daher also gut zu ertragen.

Aber ich begriff, der erste, vielleicht sogar schönste Teil meiner Jugend war für immer vorüber.

Teil 2:
Mitte des Lebens

Es folgte ein Leben mit Höhepunkten, ich bekam zwei Söhne, aber auch Tiefschlägen. Meine erste Ehe mit einem Offizier der Bundeswehr scheiterte und die zweite, glückliche Ehe, ebenfalls mit einem Bundeswehroffizier, beendete der Tod viel zu früh. Nach einigen Jahren des Alleinseins hatte ich das große Glück, ihn zu treffen - Werner.

Teil 3:
Werner, wo bist Du?

Werner, lieber Werner, endlich weiß ich, wo Du bist und wie Du jetzt leben musst. Das war nicht immer so; drei lange Monate wusste ich nur von Dir, dass Du irgendwo im großen Berlin in einem Heim lebst.

Es begann vor 15 Jahren. Ich hatte annonciert " 61jährige Witwe möchte sich so gerne noch einmal verlieben". Ich hätte Mut gezeigt, so sagtest Du und antwortetest mir. Wir trafen uns, und ich verliebte mich. Du warst auch ein toller Mann. Durch dienstliche Aufgaben, die Dich in die ganze Welt geführt hatten, weit gereist, wovon Du interessant zu erzählen wusstest. Du warst sehr gut- und sehr jung aussehend. Dass Du 9 Jahre älter als ich bist, hattest Du wohlweislich in Deinem Antwortbrief verschwiegen. Als ich es erfuhr, war es zu spät; ich hatte mich verliebt und Dein Alter war mir nicht mehr wichtig. Bei Dir dauerte das Verlieben etwas länger, Deine Frau war noch nicht so lange tot und Du trauertest sehr.

Es begann eine sehr schöne Zeit für uns. Wir waren finanziell abgesichert, frei und ungebunden. Die einzige Sorge war die Krankheit Deines längst erwachsenen Sohnes.
Zuerst legten wir beide Wert auf unsere Unabhängigkeit, behielten unsere zwei Häuser bei und verlebten unsere gemeinsame Zeit mal in Deinem, mal in meinem Haus, die ca. 30 km voneinander entfernt, aber durch Autobahnverbindung sehr gut zu erreichen waren. Gelegentlich verbrachten wir auch den einen oder anderen Tag allein; wir konnten an diesen Tagen eigenen Interessen nachgehen oder spezielle Aufgaben erledigen. An den gemeinsam verlebten Tagen halfen wir einander. Wir hatten ja jeder einen Garten und einen Vorgarten zu versorgen. Mein Haushalt war seit einigen Jahren männerlos; da gab es viel zu bohren und zu hämmern. Auch machte ich mir Deinen guten Geschmack zu Nutze und ließ mich gerne von Dir begleiten, wenn ich mir etwas Schönes kaufen wollte. Einige Lampen, die Du dann auch gleich aufhängen konntest, erinnern mich ständig daran.
Einmal hatte ich eine Reifenpanne. Du hast bei Dir Zuhause alles stehen und liegen gelassen und kamst mir zu Hilfe. 30 km weit. Danke.

Wir reisten viel. Ein paar wünschenswerte Ziele waren auch für Dich weit gereisten Mann übrig geblieben. Wien, Budapest, das Land Marokko. Eine Woche in New York ist unvergesslich. Von der Aussichtsetage – ja sogar das Betreten der Plattform war möglich – des World Trade Centers sahen wir eine dunkelblau-samtige Nacht auf die leuchtende riesige Stadt mit ihrer Meer- und Flußumarmung herabsinken – es war so schön, dass ich zu Tränen gerührt war. Bei unserer Reise an das Nordkap riss in der Mitternacht die Wolkendecke auf und die Sonne ging auf – unglaublich.

Die Konsequenz, mit der Du jeden Morgen Deine gymnastischen Übungen vorgenommen hast, habe ich bewundert und abgeschaut; Meine relative Fitness führe ich darauf zurück, so wie Du es getan hast, jeden Morgen ausführlich Gymnastik zu treiben. Gelernt habe ich von Dir den Spaß an Sport und Spiel. Wie gerne und wie oft haben wir beide allein oder mit Freunden aus den Vereinen Boule gespielt! Denkst Du noch an die vielen schönen Sommersonntage, an denen wir zu oft weit entfernten Orten gefahren sind, um an Boule-Turnieren teilzunehmen? Meistens erzielten wir ein mittleres Ergebnis und waren damit angesichts unseres Alters zufrieden. Aber ein paar kleinere Pokale und Medaillen haben wir doch eingeheimst. Diese Spielfreude habe ich nach unserer gewaltsamen Trennung gepflegt; sie hilft mir sehr gegen die Einsamkeit.

Am meisten verdanke ich Dir, dass Du mich gelehrt hast, mich selbst zu erkennen. Zu erkennen, dass ich fähig bin, sportlich/spielerische Erfolge zu erringen. Bevor ich Dich kannte, hätte ich mir allein die Teilnahme an solchen Veranstaltungen nicht zugetraut. Auch das Spielen und die Freude, mit dem Computer zu arbeiten, habe ich von Dir gelernt.

Wir haben schon tolle Sachen unternommen. Einmal haben wir uns zur Teilnahme an der Quizshow von Jörg Pilawa angemeldet und wurden zur Prüfung eingeladen. Zusammen mit etwa 50 anderen Paaren unterzogen wir uns einem Test - und fielen durch. Das kümmerte uns wenig; hatten wir doch in dieser besonderen Atmosphäre viel Spaß.

Natürlich hast Du auch Fehler. Wer ist schon vollkommen! Du konntest nicht warten. Mich sehr pünktlichen Menschen nervte schon manchmal die Angewohnheit, Termine immer im letzten Moment wahrzunehmen, was auch manchmal schief ging. Nachdem in New York der Rundfahrtbus ohne uns abgefahren war, hast Du Dich mir zu Liebe bemüht, rechtzeitig, ja sogar 5 Minuten früher zu den Abfahrtszeiten von Bus, Bahn und Flugzeugen zu erscheinen. Auch die Angewohnheit, Fehler immer zuerst bei anderen zu suchen, finde ich nicht positiv. Aber Du warst niemals schlecht gelaunt und verwöhntest mich ständig mit Blumen und Geschenken. Sagte ich schon, dass Du ein toller Mann warst?

Du hättest so gerne geheiratet. Aber für mich hätte das die Aufgabe der finanziellen Unabhängigkeit bedeutet. Auch sah ich die Notwendigkeit nicht ein. Aber wir versprachen uns, immer für einander da zu sein und uns gegenseitig zu helfen.

Von mir ist die Einlösung dieses Versprechens mehrfach gefordert worden; einige Male habe ich Dich in ein Krankenhaus bringen und vor einer Operationssaaltür zittern und bangen müssen. Natürlich habe ich Dich jeden Tag besucht. Niemals hatte ich Schwierigkeiten mit den Ärzten. Sie betrachteten mich immer als Ansprechpartner und behandelten mich wie eine Ehefrau. Leider, so muss ich heute sagen, sonst hätten wir uns doch gegenseitig Vollmachten gegeben.

Auch wollte vor allem ich durch eine Heirat die Erbfolge nicht komplizieren. Du hast einen Sohn mit Ehefrau und eine Enkeltochter, ich habe zwei Söhne mit Ehefrau und 3 Enkeltöchter. Wir verstanden uns gut – ich mit Deinem Sohn und Du mit den meinen. Letztendlich waren alle froh, das verwitwete Elternteil glücklich zu wissen und sich nicht allzu viel kümmern zu müssen.

Etwa drei Jahre vor unserer gewaltsamen Trennung spürtest Du das Unheil kommen und bestandest auf der Teilnahme an einem Test zur Früherkennung einer Demenzerkrankung, der von irgendeiner Organisation öffentlich durchgeführt wurde. In etwa drei Monaten sollten wir weitere Untersuchungen vornehmen lassen, lautete das nicht so gute Ergebnis. Vielleicht dachtest Du auch an das Schicksal Deines Vaters, der, wie man mir jetzt erzählte, auch an Altersdemenz litt.

Eine Schädel-CT ergab die niederschmetternde Diagnose einer schwindenden Gehirnmasse. Aber noch lebten wir weiter wie bisher; man merkte Dir die Krankheit kaum an. Du warst gut auf die Medikamente Tebonin und Ebixa eingestellt, und die Krankheit verschlimmerte sich nur schleichend.

Zuerst mussten wir auf das Radfahren verzichten. Du stürztest, wie mir schien, ohne Grund. Unsere Räder gabst Du für „einen Appel und ein Ei“ weg.

Du wolltest unser Konzertabonnement nicht verlängern. Dadurch fielen die mit dem Konzertbesuch verbundenen Restaurantbesuche mit Freunden aus. Da ich weiß, dass Du besonders Chorkonzerte liebst, habe ich für diese Konzertart wo immer es ging Karten besorgt, und Du hattest viel Freude daran; besonders die Don-Kosaken mit ihrer Vielstimmigkeit gefielen Dir.

Du warst ein guter und sicherer Autofahrer. Ich denke noch heute mit Bewunderung daran, wie ruhig und überlegen Du durch den mörderischen Pariser Feierabendverkehr gekurvt bist. Ich hätte das nie gekonnt. Jetzt mehrten sich kleine, zum Glück harmlose Karambolagen. Als Beifahrerin regte ich mich mehrmals über Deine vermeintlich leichtsinnige Fahrweise auf. Du versprachst hoch und heilig Besserung. aber schon kurz darauf kamen wir wieder in eine gefährliche Situation. Da endlich kapierte ich, dass nicht Leichtsinn oder Fahrlässigkeit dazu führten, sondern Dein krankheitsbedingtes Unvermögen, Verkehrssituationen schnell und richtig einzuschätzen und darauf zu reagieren. Uns beiden war nun klar, dass Du nicht mehr selbst Auto fahren konntest und durftest. Dein Verantwortungsgefühl anderen Verkehrsteilnehmern gegenüber war groß genug für diese schmerzende Einsicht. Du tatest mir so leid, und wir waren beide sehr traurig. Um einen endgültigen Schlussstrich zu ziehen und die ständige Versuchung zu bannen, stimmtest Du dem Verkauf Deines Autos zu. Aber ein letztes Mal wolltest Du den Wagen aus der Garage fahren; dabei ging der rechte Außenspiegel zu Bruch.

Nun – es ist ein gutes Jahr vor unserer Trennung - konnte und wollte ich Dich nicht mehr allein lassen, ab jetzt war ich rund um die Uhr für Dich da. Das bedeutete, dass ich meinen seit vielen Jahren wahrgenommenen Englisch- und Gymnastikkursus aufgeben musste und damit auf geselligen Kontakt in diesen Runden verzichtete.

Ich chauffierte Dich, wohin Du wolltest. Wir hatten all die Jahre netten Kontakt zu Deinem Neffen und Patenkind – inzwischen natürlich ein gestandener Mann – und seiner liebenswerten Frau Renate und ihren vier Kindern gepflegt. Die Familie wohnt im etwa 60 km entfernten Eitorf. Wann immer man uns einlud, fuhr ich Dich hin. Eine andere Nichte mit zwei Kindern, an deren Entwicklung Du auch viel Anteil nahmst, war in das 220 km entfernte Bad Lippspringe gezogen. Auch dorthin folgten wir einer Einladung. Aber vor allen Dingen fuhr ich Dich alle

14 Tage zu Deinem Kegelabend, damit Du ihn, wie seit vielen Jahren gewohnt, im Kreise Deiner Kegelfreunde verbringen konntest. Punkt 22 Uhr stand ich zur Abholung vor der Kegelraumtür.

So nach und nach übernahm ich immer mehr Aufgaben, im Hause, aber auch schriftlicher Art. Ich half Dir auch, Dich zu organisieren und überredete Dich, die mittlerweile 5. EC-Karte nicht mehr in der oft verlegten und zweimal sogar bei der Polizei als gestohlen gemeldeten Brieftasche sondern in Deinem stets in der Hosentasche steckenden Portemonnaie unterzubringen. Ich hoffe, Du spürtest meine Dominanz nicht zu sehr.

Du hättest es gerne gesehen, wenn ich ganz zu Dir gezogen und mein Haus aufgegeben hätte. Lebenslanges Wohnrecht wolltest Du mir einräumen. Aber ein Wohnen evtl. ohne Dich in Deinem Haus konnte ich mir nicht vorstellen. Natürlich befürchtete ich auch Schwierigkeiten rechtlicher Art. Also lebten wir weiter hauptsächlich in Deinem Haus, weil es etwas mehr Bequemlichkeit bot, und gelegentlich in meinem.

Ich vergewisserte mich bei Deinem Neurologen, dass dieser Wechsel Dir nicht schadete.

Unser Leben hatte an Qualität verloren. Spaziergänge mussten Deiner Kraft angepasst werden und wurden daher immer kürzer. Unser großes Spielereservoir hatte sich auf „66“ und „Canasta“ reduziert. Auch hierfür brauchte ich viel Geduld. Ich saß Dir gegenüber und sah, wie es in Deinem armen Kopf arbeitete. Aber wir profitierten immer noch beide von unserer Gemeinschaft; ein Gedankenaustausch war durchaus noch möglich.

Dein Sohn hatte uns in der Zeit seiner Berufstätigkeit gelegentlich im Anschluss an Dienstreisen besucht. Der promovierte Jurist erzählte uns, dass er ehrenamtlich in der Öffentlichkeitsarbeit seiner Kirchengemeinde tätig sei. Seit seinem 60. Lebensjahr lebt er im Ruhestand und kam nun etwas häufiger zu Besuch. Manchmal begleitete ihn seine Frau, Deine Schwiegertochter. Diese versuchte schon seit langem, uns alternative Wohnformen schmackhaft zu machen, egal, ob gemeinsam oder getrennt. Warum wohl? Einmal äußerte sie, dass sie Angst habe, Du könntest das Haus verkaufen. Es kam mir sehr gelegen, dass

Du bei einer von uns besuchten Seniorenmesse ein Probewohnen in einer Seniorenresidenz gewonnen hattest, das wir natürlich wahrnahmen. Ich sah mich danach in meiner Ansicht bestätigt, dass Du alleine dort nicht mehr wohnen konntest und wir zu zweit auch in unserem Haus bleiben konnten. Nun hatte ich ihrem Drängen etwas entgegenzusetzen.

Der Sohn beantragte nun auch Deine Einstufung in eine Pflegeklasse. Eine sehr nette Ärztin besuchte uns, hörte uns an und machte dann aber deutlich, dass für eine Einstufung mindestens 45 Pflegeminuten am Tage nötig seien. Körperliche Pflege benötigtest Du aber zum Glück für Dich gar nicht. Also wurde der Antrag erst einmal abgelehnt.

Gelegentlich eines Besuches nahmen Dein Sohn, seine Frau und ich an einer von der Stadt Meckenheim angebotenen Beratung durch eine Sozialarbeiterin teil. Wir wurden über Therapiemöglichkeiten, Tages- und Kurzzeitpflege und auch über verschiedene Arten des Gedanken- und Erfahrungsaustausches von Betroffenen und ihren Betreuern informiert. Die sehr nette junge Dame bot an, Dich zu besuchen. Dieses

Angebot akzeptierten wir sehr gerne, da jede Abwechslung für Dich willkommen war. Sie kam einige Male und animierte Dich, aus Deinem Leben zu erzählen, was Du sehr gerne tatest. Mir brachte sie Unterlagen über betreute Reisen mit, von denen Sie auch berichtet hatte.

Gemeinsam entschieden wir uns für eine betreute Reise nach Grömitz und brachen an einem Sonntag Mitte Juni 2007 auf. Wir trafen auf sieben schwer- und schwersterkrankte Männer, die von ihren Ehefrauen begleitet wurden, und auf ein Team von sechs außerordentlich engagierten Betreuern. In der nun folgenden Woche verbrachtest Du je 3 Nachmittagsstunden zusammen mit den anderen Erkrankten. Die von den Betreuern veranstalteten kleinen Spielchen und vor allen Dingen das gemeinsame Singen gefielen Dir. Mir nahmst Du jedoch jeden Tag von neuem übel, dass ich Dich alleine ließ und mir tat es in der Seele weh, Dich in der Gruppe dieser armen Menschen zu lassen. Andererseits war es für mich erholsam, auch einmal kräftig ausschreiten oder mit den Füßen durch das Ostseewasser laufen zu können. An dem Gedankenaustausch zwischen den Ehefrauen nahm ich weniger gerne teil; es drehte sich in der Hauptsache um die Effizienz von Windeln und war für mich sehr deprimierend.

In den Vormittagsstunden wurden gemeinsame Unternehmungen veranstaltet. Ich hatte Zweifel, ob man den zwei Schwersterkrankten wirklich einen Gefallen tat, wenn man sie mit unendlich viel Mühe und körperlicher Anstrengung auf einen Planwagen oder in ein Ausflugsschiff hievte und äußerte der Leiterin des Betreuungsteams gegenüber diese Bedenken. Sie meinte, die Reaktion der Kranken - oft nur ein Wimpernzucken – zeige eine positive Wirkung. Meine Hochachtung gilt dem Betreuerteam.

Damit sich die lange Fahrt nach Grömitz lohnte, verlängerten wir den Aufenthalt um eine Woche zur freien Verfügung. Wir besuchten zwei oder drei der hübschen norddeutschen Städtchen, hatten viel Freude an dem schönen Hinterland der Ostsee und unternahmen kleine Strandspaziergänge an verschiedenen Abschnitten der Promenade. Hierbei entdeckten wir eine Strandhalle mit Billardtischen, so dass wir unserer Spielleidenschaft frönen konnten. Ich war so froh, dass Du mich wie eh und je im Billardspiel schlagen konntest. Auch das große Schachspiel nutzten wir aus; und ich staunte, wie gut Du noch spielen konntest.

Die Sozialarbeiterin hatte mehrfach darauf hingewiesen, dass für Dich ein offizieller Betreuer bestimmt werden müsse. Stillschweigend waren wir uns einig, dass Dein Sohn diese Aufgabe übernehmen solle, ohne dass sich vorerst etwas an unserem Leben ändern müsse. Ich hatte mich mit dem Verfahren vertraut gemacht und wusste, dass ein Sachverständiger ein Gespräch mit Dir und auch mir als Deiner Lebensgefährtin und persönlichen Betreuerin führen würde, und ich legte großen Wert darauf, dass diese Unterhaltung bei uns Zuhause stattfinde, damit sich der Sachverständige ein Bild über unsere guten Lebensverhältnisse machen könne.

Aber so weit kam es gar nicht. An einem Donnerstag Ende September 2007 besuchte uns Dein Sohn wieder einmal und teilte eigentlich recht beiläufig mit, dass zum Wochenende auch seine Frau und Tochter, also Deine Schwiegertochter und Enkelin, zu Besuch kommen würden. Auf den bevorstehenden Besuch Deiner Enkeltochter freutest Du Dich. Ich entschied mich kurzfristig, den Wunsch meiner erst drei

Jahre alten Enkelin zu erfüllen und sie einmal bei mir in meinem Haus schlafen zu lassen. Dich in der Obhut Deiner drei Angehörigen wissend, verabschiedete ich mich am Samstagnachmittag von Dir. Du wolltest mich gerne begleiten, aber ich sagte, Du müsstest Dich doch um Deinen Besuch kümmern, Du brauchtest aber keine Angst zu haben, ich sei sofort wieder bei Dir, wenn Deine Gäste abreisen wollten. Das waren unsere letzten Worte, die wir von Angesicht zu Angesicht gewechselt haben.

Am Wochenende hatten wir beide noch lebhaften Telefonverkehr. Meine Rufnummer war ja auf Deinem Apparat gespeichert und so konntest Du mich so oft Du wolltest anrufen. Und das war häufig. Auch am Montag hatten wir noch telefonischen Kontakt, aber ab Dienstag erreichte ich niemanden mehr in Deinem Haus. Da Dein Sohn ausnahmsweise einmal mit dem Auto gekommen war, dachte ich, Ihr hättet einen längeren Ausflug unternommen. Aber als ich auch am nächsten Tag niemanden in Deinem Hause erreichte, rief ich bei einem Nachbarn an und hörte zu meinem Erstaunen, dass man Dich mit nach Berlin genommen habe.

Einige Tage lang konnte ich Dich im Hause Deines Sohnes telefonisch sprechen. Solange Deine in Freiburg studierende Enkeltochter im Hause Ihrer Eltern in Berlin weilte, fühltest Du Dich recht zufrieden. Aber nach ihrer Abreise sagtest Du zu mir, Du wollest jetzt nach Hause kommen. Du müsstest mal sehen, wie Du das anstellen könntest. Es tut mir heute so leid, dass ich mich nicht sofort in das Auto gesetzt und Dich geholt habe. Ich ging jedoch davon aus, dass man Dich zurückbringen würde. Aber dann hörte ich von unserer Putzhilfe, dass Dein Sohn ihr gekündigt habe, weil Du bereits in einem Heim oder Krankenhaus – so genau konnte sie das nicht sagen – wärest.

Im Berliner Haus Deines Sohnes war nur noch der Anrufbeantworter zu erreichen.

In großer Unruhe suchte ich am nächsten Morgen das mit der Betreuungsvergabe beauftragte Amtsgericht Rheinbach auf und traf hier auf verständnisvolle und hilfsbereite Menschen. Meine Einlassungen sollte ich jedoch schriftlich hereingeben. Das tat ich umgehend. Im Betreuungsverfahren äußerte ich, dass ich Dich auch weiterhin so lange es irgend gehe rund um die

Uhr betreuen wolle. Außerdem strengte ich eine einstweilige Verfügung auf Bekanntgabe Deines Aufenthaltsortes und Gewährung von Besuchsrecht an.

Einige Tage später teilte das Amtsgericht Rheinbach mit, dass die zwei Verfahren an das Amtsgericht Berlin-Wedding abgegeben werden mussten. Meine Hoffnung auf Anhörung durch einen Sachverständigen schrumpfte völlig. Aber das Amtsgericht Rheinbach teilte mir auch mit, in welchem Klinikum in Berlin Du seiest.

Natürlich versuchte ich umgehend, Dich in diesem Klinikum telefonisch zu erreichen, musste aber hören, dass Du bereits abgeholt wurdest. Deine Schwiegertochter antwortete auf meine telefonische Frage nach Dir, dass sie und ihr Mann bereits dem Amtsgericht Rheinbach Antwort geben mussten; weitere Auskünfte erteilten Sie nicht.

Nun begann das große Warten. Warten mit dem Wissen, dass mit jedem vergehenden Tag Deine Fähigkeiten „draußen“, d.h. außerhalb eines Heimes mit mir zu leben, schwanden.

Für die Gewissheit, nichts falsch gemacht oder ausgelassen zu haben, suchte ich einen Fach-Rechtsanwalt für Betreuungsrecht auf. Nach Lesen meiner Unterlagen bestätigte er mir die Richtigkeit meiner Vorgehensweise. Er brauche sich nicht einzuschalten, meinte er. Die Beratungsgebühr war selbstverständlich fällig. Er bat mich, ihn über den Ausgang der Angelegenheit zu informieren. Als ich das tat, sagte er, er habe gewusst, dass es so kommen würde – ich hätte ja keine Vollmacht - er habe mich aber nicht entmutigen wollen.

Etwa 4 Wochen nach meinem Ersuchen um eine einstweilige Verfügung teilte mir das Amtsgericht Berlin-Wedding mit, dass ich als „nur" Lebensgefährtin kein Recht auf eine derartige Antragstellung hätte. Zur Sache war also gar nicht entschieden worden.

Ich war sehr enttäuscht. Aber das Betreuungsvergabe-Verfahren lief ja noch. Ich hatte inzwischen schweren Herzens eingesehen, dass wir nach mehreren Wochen Deines Heimaufenthalts unser altes Leben nicht mehr aufnehmen konnten. Diese Einsicht habe ich dem Amtsgericht Wedding mitgeteilt und im Rahmen des

Betreuungsvergabe-Verfahrens lediglich darum gebeten, dass ich Deinen Aufenthaltsort erfahre und die Gelegenheit bekomme, mich in Ruhe und Würde von Dir zu verabschieden – wie es einer 14 Jahre währenden Lebensgemeinschaft zukommt.

Aber ich konnte nicht tatenlos warten und überlegte ständig, wie ich wohl an Deine Anschrift kommen könne. Das Einwohnermeldeamt fiel mir ein. Wegen des Datenschutzes glaubte ich allerdings nicht an einen Erfolg. Trotzdem fuhr ich wieder in Deinen langjährigen Wohnort Meckenheim und sprach im Meldeamt vor. Ich müsse meinen Auskunftswunsch schriftlich formulieren, hörte ich. Zuhause angekommen, tat ich das sofort. Nach ganz wenigen Tagen wurde mir lapidar und ohne jede Begründung mitgeteilt, dass ich keine Auskunft erhalte. Gut, das war Meckenheim, aber wie sieht das in Berlin aus? Wahrscheinlich ebenso, dachte ich ziemlich mutlos, telefonierte mich aber doch durch die Stadtverwaltung von Berlin. Und da erfuhr ich, dass es ein städtisches Amt Tiergarten gibt, das persönlich Vorsprechenden Auskunft erteilt, ob jemand in Berlin gemeldet ist, wenn man einige spezielle Daten dieser Person kennt. Dieses

Amt sei Samstag und Sonntag vormittag geöffnet. Wollten nicht mein Sohn Thomas und seine Frau am Wochenende nach Berlin fahren? Ja, so war es. Ich bat sie, zum Amt Tiergarten zu gehen. Sie kannten Dich ja gut, aber ich versorgte sie doch noch mit vielen weiteren Angaben über Dein Leben. Sie erhielten die Auskunft, dass Du zu jenem Zeitpunkt nicht polizeilich in Berlin gemeldet seiest. Danke, Thomas und Kirsten, dass ihr trotz Eures vollen Terminkalenders diese Information für mich eingeholt habt, obwohl sie nicht erfolggekrönt war.

An dieser Stelle möchte ich mich auch bei meinem Sohn Stefan für seine Hilfe bedanken. Kurz nach Deinem Verschwinden hatte mich ja das Amtsgericht Rheinbach um schriftliche Formulierung meiner Anträge ersucht. Da jede vergehende Minute verloren war, sie brachte uns ja weiter auseinander, hatte ich mich sofort nach Heimkehr zum Schreiben an den Computer gesetzt, um dann festzustellen, dass mein Drucker den Dienst verweigerte. Ich kramte meine längst vergessen geglaubten Steno-Kenntnisse hervor, machte mir Notizen und fuhr zum nur wenige Kilometer entfernten Haus meines Sohnes. Dort schrieb ich die immerhin fast zwei Seiten noch einmal. Aber, welch ein Ärger und kaum zu glauben, auch dessen Drucker streikte, und ich fuhr unverrichteter Dinge und sehr verzweifelt nach Hause. Nach seinem sehr langen Bürotag erschien Sohn Stefan bei mir, speicherte meine Eingabe auf einem USB-Stick, druckte sie bei einem Bekannten aus und brachte sie mir. Am nächsten Tag brachte ich sie persönlich zum Amtsgericht Rheinbach. Ich wollte doch keinen Tag verlieren, wollte Dir doch sagen können, dass ich Dich liebe und für Dich sorgen wolle, solange es irgend möglich sei.

Das Grübeln über mögliche Hilfe ging weiter und, als aktiver Fernsehzuschauerin, fiel mir der Privatdetektiv ein. Ich kontaktierte ich einige Berliner Detekteien und erteilte derjenigen einen im Honorar limitierten Auftrag, die mir Dein Finden anhand der mir zur Verfügung stehenden Daten, wie Personal-Nr. Deiner pensionszahlenden Stelle usw. zusagte. Wenige Tage später – aber noch vor Erreichen des vereinbarten Honorars – gestand die Detektei ihr Unvermögen, Dich zu finden, ein. Ein weiterer und diesmal teurer Misserfolg.

Wer könnte mir helfen? Deinen Neffen, Dein

Patenkind und Cousin Deines Sohnes, hatte ich schon um Vermittlung gebeten, die auch erfolglos blieb. Auch Deine Enkeltochter habe ich angerufen. Aber das hätte ich mir ersparen können; sie zeigte sich solidarisch mit ihren Eltern und verriet mir Deinen Aufenthaltsort nicht.

Natürlich denke ich dauernd darüber nach, was Deinen Sohn zu diesem Verhalten veranlasst hat. Ich denke an die im Laufe der Jahre häufig gewordenen gemeinsamen Abende, die wir mit netter Unterhaltung, Spielen und viel Lachen verbracht haben, ich denke an seine Widmung in einem mir erst kürzlich geschenkten Buch, in der von Dankbarkeit die Rede war, ich denke an seine Eingabe an das Amtsgericht Berlin-Wedding, in der er schrieb, dass ich seinen Vater „aufopferungsvoll" betreut hätte – und das für kein anderes Entgelt außer Deiner Liebe und Dankbarkeit -. Ich denke auch an die Mühe und gern geleistete Arbeit, die ich durch seine Besuche hatte. Und jetzt erfahre ich die durch ihn herbeigeführte Beendigung unseres langen und schönen Lebensabschnittes von unserer Putzhilfe, jetzt verweigert er mir die Kenntnis Deines Aufenthaltsortes und das Abschiednehmen von Dir und jetzt muss ich unter Aufsicht Deiner Schwiegertochter und ihrer Freundin meine Sachen in Deinem Haus zusammenpacken. Ich weiß nicht, was ihn zu dieser Handlungsweise veranlasst hat. Vielleicht die Angst, Du könntest noch ein Testament schreiben, in dem ich auch bedacht werde?

Trotz der Rückschläge gab ich nicht auf. Bei meinen vielen Gedanken an Dich möchte ich mir vorstellen können, wie und wo Du jetzt leben musst. Ich weiß ja, dass Dein Sohn sehr mit seiner Kirchengemeinde verbunden ist und schaue mir das Internet-Portal dieser Gemeinde an. Ich finde einige seiner Veröffentlichungen im Namen der Kirche, aber auch die Namen des Kirchenvorstandes und der Gemeinderatsmitglieder und stoße auf Namen und Anschrift des Pfarrers. Und ich schreibe einen langen, aber sachlichen Brief an Herrn Pfarrer B. und bitte ihn um Hilfe in Form von Einflussnahme. Schon am nächsten Tag haben wir ein längeres gutes Telefongespräch. Herr Pfarrer B. will versuchen, mir zu helfen, verspricht sich aber keinen großen Erfolg. Und so kommt es auch; Herr Pfarrer B. kann mir nur mitteilen, dass es Dir gut ginge und Du in einem schönen und schön gelegenen Haus untergebracht seiest. Seine tröstenden schriftlichen Worte taten mir gut. Ich danke Herrn Pfarrer B. für seinen Einsatz.

Zwischenzeitlich hatte mir das Amtsgericht Berlin-Wedding mitgeteilt, dass das Betreuungsrecht an Deinen Sohn vorläufig vergeben worden sei. Das wunderte mich nicht; Dein Sohn war ja der einzige Antragsteller. Nur über das „vorläufig" war ich erstaunt und konnte es mir nicht erklären.

Beinahe mit gleicher Post erhielt ich eine Kurzmitteilung des Amtsgerichtes Wedding. Hier hieß es, Dein Sohn würde mir in Kürze Deinen Aufenthaltsort nennen. Gezeichnet hatte ein Amtsrichter K. Für mich hatte das bis dahin anonyme Amtsgericht Wedding nun ein Gesicht bekommen. Aber so richtig freuen konnte ich mich noch nicht.

Und ich wartete wieder. Vergeblich. Nach etwa 14 Tagen telefonierte ich mit Herrn Amtsrichter K. Um nicht im Vorzimmer abgeblockt zu werden, ließ ich mich in einer späten Nachmittagsstunde von der Hauptzentrale verbinden – und das klappte. Ich glaubte es kaum, aber ich hatte Herrn Amtsrichter K. gleich am Telefon.

Er konnte sich auch sofort an unseren Fall erinnern. Herr Amtsrichter K. sagte mir, er habe kein Recht, die Bekanntgabe Deines Aufenthaltsortes anzuordnen; er habe lediglich an Deinen Sohn appelliert, das zu tun und Dein Sohn habe es ihm zugesagt. Er sagte mir zu, Deinen Sohn noch einmal anzurufen. Die für diesen Zweck von mir bereitgehaltene Telefonnummer habe ich ihm sofort gegeben.

Dieser Anruf zeigte Erfolg. Dein Sohn bot mir schriftlich ein Mittagessen mit Dir in einem Restaurant in seinem und eines Pfarrers Beisein an. Aber das war nicht das, was ich wollte. Ich wollte wissen, wo und wie Du jetzt leben musst und von Dir Abschied nehmen, ohne das Dabeisein eines Fremden und Deines Sohnes. Später wollte ich mich bei der Heimleitung gelegentlich nach Deinem Befinden erkundigen können; dafür muss ich wissen, wo Du bist. Auch empfand ich es als eine empörende Zumutung, von mir, einer 75Jährigen, eine Fahrt von 1200 km für die Dauer eines Mittagessens an einem anonymen Ort im Beisein anderer zu fordern.

Diese Empörung drückte ich in einem Brief an Deinen Sohn aus. Auch stellte ich wieder die Frage, die ich schon mehrmals auch an das Amtsgericht Berlin-Wedding gerichtet hatte, in welcher Form denn – um Himmels Willen - mein Wissen um Deinen Aufenthaltsort für Dich schädlich sein könnte.

Damit meine Ablehnung dieses Angebotes nicht falsch ausgelegt wurde, gab ich von dem an Deinen Sohn gerichteten Absagebrief je eine Kopie an Herrn Pfarrer B. und Herrn Amtsrichter K.

Die an Herrn Amtsrichter K. an das Amtsgericht Wedding gesandte Kopie brachte nun endlich die Wende. In einer diesmal nicht unterzeichneten Kurzmitteilung teilte mir das Amtsgericht Wedding mit, dass das Verfahren an das Amtsgericht Berlin-Spandau abgegeben worden sei.

Ich stürzte in ein Wechselbad der Gefühle. Zuerst: Enttäuschung, nun hatte ich keinen Ansprechpartner mehr. Dann: Verwunderung, warum wurde ein fast abgeschlossenes Verfahren noch an ein anderes Amtsgericht verlagert? Und dann: die Erkenntnis, das konnte nur etwas mit dem Gerichtsstand zu tun haben. Der Gerichtsstand ist der Wohnort des „Beklagten", in diesem Falle also von Dir. Umgehend schrumpfte das große Berlin vor meinem geistigen Auge auf den Bezirk Spandau.

Im Internet suchte ich mir ein paar passend erscheinende Pflegeheime in Spandau heraus und rief eines nach dem anderen an. Ich bat, mich mit Dir zu verbinden. Dreimal hörte ich: „Es tut mir Leid, einen Werner L. - gibt es hier nicht." Aber beim vierten Mal sagte eine freundliche Stimme: „Moment bitte, ich verbinde." Ich fasse es noch heute kaum, ich hatte Dich gefunden. Ich hatte Dich wirklich gefunden, im riesengroßen Berlin! Unter einem Vorwand brach ich das Gespräch ab, denn telefonieren wollte ich nicht mit Dir, ich wollte Dich besuchen.

Das war an einem Donnerstag. Meine Fahrt nach Berlin plante ich für den kommenden Sonntag, den 06.01.2008 . Die Rückfahrkarte galt für den dann folgenden Mittwoch. Ich ahnte schon, dass der Besuch nicht reibungslos verlaufen würde und rüstete mich mit relevanten Telefonnummern, Verfahrensnummer, Adressen usw. gut aus.

Am Montagmorgen stand ich endlich vor Deinem neuen Zuhause. Im Internet hatte ich mich schon informiert; es handelt sich um ein Senioren-Wohnstift und eine Dementen-Pflegeabteilung, wahrscheinlich eine geschlossene Abteilung. Ich vermied es erst einmal, zur Rezeption zu gehen und versuchte, Dich in diesem großen Haus zu finden, indem ich zufällig auf den Fluren getroffene Bewohner nach Dir fragte und die Namensschilder an den Türen las. Aber niemand kannte Dich und Deinen Namen an einer Tür fand ich auch nicht. In meinem Wintermantel fiel ich einer Angestellten auf und vermeintlich hilfsbereit begleitete sie mich zur Rezeption.

Dort musste ich mein Anliegen, Dich zu besuchen, natürlich vortragen. Ich wurde nach meinem Namen gefragt und – meine böse Ahnung traf zu – nach einem Blick in eine Liste wurde mir mitgeteilt, dass Dein Sohn mir persönlich den Zugang zu Dir verwehrt hatte. Ich bat, die Heimleitung sprechen zu können. Nach längerer Wartezeit, ich hatte ja keinen Termin, konnte ich einer freundlichen Dame mein Anliegen vortragen. Sie zeigte Verständnis für mich und ich spürte, sie würde mir gerne helfen, durfte es aber nicht, Dein Sohn hatte es ja untersagt.

Was nun? Im Taxi – für öffentliche Verkehrsmittel war keine Zeit mehr – ließ ich mich zum Amtsgericht Berlin-Spandau fahren und konnte nach längerer Wartezeit dank der mitgenommenen Verfahrensnummer und der Aufschrift auf der Akte „Richtersache“ mit der jetzt zuständigen Amtsrichterin sprechen. Auch diese Amtsrichterin versicherte mir, in dieser doch noch nicht abgeschlossenen Angelegenheit gegen den Willen Deines Sohnes nichts tun zu können. Sie bot mir jedoch an, Deinen Sohn anzurufen. Das Angebot habe ich gern und dankend akzeptiert.

Dein Sohn konnte es kaum glauben, dass ich in Deinem neuen Zuhause gewesen war. Auf Vermittlung der Amtsrichterin, und auch ich habe mit ihm gesprochen, erklärte er sich zu einem Treffen mit mir am Nachmittag in der Cafeteria Deines Heimes bereit. Die Amtsrichterin bat mich noch zu erklären, wie ich denn den Wohnsitz herausgefunden hätte. Ich tat es natürlich.

Nun hatte ich einige Stunden zu überbrücken. Für eine Fahrt in mein Hotel fehlte mir die Ruhe. Zuerst einmal ging ich in den nahe gelegenen Bahnhof Berlin-Spandau. Dort fing auf einmal die Welt an, sich um mich zu drehen, immer schneller, immer schneller. Ich bat Passanten, mich festzuhalten. Aber ehe man meinen Wunsch realisiert hatte, sank ich zu Boden. Zum Glück verlor ich nicht das Bewusstsein und konnte so die hilfsbereiten Mitmenschen vom Alarmieren des Notarztes abhalten. Ich hatte keine Zeit, krank zu sein; ich wollte Dich doch endlich treffen.

Nach einer längeren Erholungszeit auf einer Bank im Bahnhof beschloss ich, die restliche Wartezeit in der Cafeteria Deines Heimes zu verbringen. Dort war ich gut aufgehoben, bekam, gegen Bezahlung natürlich, ein warmes Süppchen und konnte in Ruhe warten.

Pünktlich erschienen Dein Sohn und seine Frau. Ich bat, mich zu Dir zu lassen. Das wurde rundweg abgelehnt, ebenso meine Bitte, Dich dann wenigstens holen zu lassen. Stattdessen wurde die Leiterin der Dementenabteilung an unseren Tisch gebeten. Die freundliche Dame erklärte mir den Bau ihrer Abteilung; ein Rundbau, damit die Erkrankten nicht das Gefühl haben, an einem Ende anzukommen, um einen Innenhof gelegen. Sie sprach über die Therapie nach Prof. Böhm, nach der in diesem Hause therapiert werde. Sie erzählte von vielen Veranstaltungen und kleinen Festen – schließlich war die Weihnachtszeit gerade vorüber – an denen Du gerne teilnähmest.

Dann kam ein Pfleger an unseren Tisch. Ein junger Mann, der erzählte, dass das Zusammensein der Erkrankten und auch das Kuscheln miteinander sehr gefördert werde. Du wärst gerade dabei, zarte Bande zu einer Leidensgefährtin zu knüpfen. Das sollte mich wohl abschrecken oder verärgern. Tat es aber nicht, ich wünsche Dir doch von Herzen, dass Du soviel menschliche Wärme, Zuneigung und auch Liebe bekommst, wie irgend möglich. Nur das macht Dir Dein Leben noch lebenswert.

Aber noch immer verweigerte man mir mein Treffen mit Dir. Da saß ich nun, durch wenige Türen getrennt vielleicht zehn Meter von Dir entfernt und durfte Dich nicht sehen. Ich sollte doch tatsächlich unverrichteter Dinge zurück in meinen 600 km entfernten Wohnort St.Augustin geschickt werden.

Aber das machte ich nicht mit. Ich holte meine letzte „Waffe" aus der Tasche. Das waren Briefe, viele Briefe, gerichtet an fast alle Vorstandsmitglieder der Kirchengemeinde Deines Sohnes und an viele Gemeinderatsmitglieder. Die Briefe enthielten eine Darstellung der Ereignisse. Aber ich stellte darin auch die Frage, ob jemand, der vielleicht juristisch gesehen das Recht habe, so zu handeln, moralisch berechtigt sei, öffentlich für seine Kirche zu reden und zu schreiben. Ich versprach, diese Briefe umgehend abzuschicken. Diese Drohung wirkte. Man ließ Dich holen.

Gestützt von einer Pflegekraft schlurftest Du, jetzt ein sehr alter und von der Krankheit gezeichneter Mann, herein. Du lächeltest freundlich und erkanntest Sohn und Schwiegertochter. Ob mich auch? Ich weiß es nicht. Als ich mich von meinen Schock über Deinen Verfall in den letzten drei Monaten etwas erholt hatte, fiel ich Dir tränenüberströmt um den Hals. Meiner Tränen wurde ich auch in der dann folgenden Stunde nicht mehr Herr, aber ich versuchte, in einer Unterhaltung Erinnerungen bei Dir zu wecken. Ob es mir gelang, ich weiß es nicht. Auf jeden Fall rief es keine Emotionen bei Dir hervor; und das war gut so.

Während Du ein Stück Kuchen aßest, durfte ich mir die Abteilung ansehen; die freundliche Leiterin erklärte mir alles. Sogar einen Blick in Dein mit einigen Möbeln aus Deinem Haus recht karg eingerichtetes Zimmer konnte ich werfen. Aber Sohn und Schwiegertochter achteten streng darauf, dass ich nicht mit Dir alleine war. Warum bloß?

Nach einer guten Stunde solltest Du zurückgebracht werden. Ich war damit einverstanden und geleitete Dich die paar Schritte in Dein neues Zuhause. Das war das letzte Mal, dass wir – wie früher so oft - Hand in Hand gingen. Und das war mein Abschied von Dir.

Ich hatte mir diesen Abschied ja etwas anders vorgestellt, wollte zwei Tage mit Dir verbringen und an Deinem Leben teilnehmen. Aber ich hatte nun auch keine Kraft mehr, diese Wünsche durchzusetzen. Und noch einmal, wenn auch nur wenige Meter, mit Dir Hand in Hand zu gehen, war ein schönes Abschiednehmen und soll es bleiben.

Um meine Rückfahrkarte benutzen zu können, musste ich noch einen Tag in Berlin verbringen. Am Vormittag wanderte ich durch den Park von Sanssouci und schwelgte in Erinnerungen.

An diesem strahlend schönen Wintertag dachte ich an den regnerischen Sommertag vor einigen Jahren, an dem wir gemeinsam hier spazieren gegangen waren. Am Nachmittag lockte mich Orgelspiel in die ganz aus Glasbausteinen errichtete Gedächtniskirche. Während die letzten Sonnenstrahlen des Wintertages die Glasbausteine blau, ein bisschen rot und ganz wenig gelb aufblitzen ließen, fand ich Ruhe und auch Frieden.

Jetzt telefoniere ich im Abstand von 4 Wochen mit der Leiterin der Dementenabteilung und erhalte freundlich umfassende Auskunft über Dein Befinden.

Bald wirst Du 85 Jahre alt. Ich habe lange überlegt, was ich Dir schenken werde. Eine lilafarbene Orchidee wird es sein, die ich Dir schicken werde. Vielleicht erinnert sie Dich an die Blume, die Du in Deinem Haus so liebevoll gepflegt hattest und die es Dir mit monatelanger Blüte dankte. Vielleicht gelingt es mir auch, für Dich im WDR ein Lied spielen zu lassen, „Ruud, ruud ‚ruud, so sin die Rosen“ diesen Schlager hast Du so oft für mich gesungen und darum soll es dieser Schlager sein.
Oft denke ich darüber nach, wie viel Macht doch

ein amtlich bestellter Betreuer über den von ihm Betreuten hat, wenn sogar der mit der Betreuungsvergabe befasste Richter in einem noch nicht abgeschlossenen Verfahren gegen den Willen des Betreuers keine Anordnungen treffen kann. Hätte ich Dich schlecht oder nicht Deinen Verhältnissen angepasst untergebracht gefunden, ich hätte Dir nicht helfen können, habe ich doch als „nur" Lebensgefährtin nicht einmal das Recht, ein Gerichtsverfahren anzustrengen.

Wohl nur der Wille des Betreuten ist noch höher anzusiedeln. Aber hat ein Demenzkranker noch einen eigenen Willen? Wenn ja, ist er in der Lage, diesen durchzusetzen? Auch ist mir aus Erfahrung bekannt, dass der Wille des Erkrankten leicht zu beeinflussen ist. Von Dir weiß ich, dass Du nicht ohne mich in einem Heim leben wolltest, und ich kann mir nicht vorstellen, dass Du aus eigenem freien Willen dorthin gegangen bist. Ich bin sehr traurig bei dem Gedanken daran, wie Du Dich gefühlt haben magst, als Du noch Heimweh nach Zuhause und Sehnsucht nach mir hattest, als die Tür der geschlossenen Abteilung hinter Dir zufiel.

Manchmal träume ich von Dir.
Adieu, Werner